AF292741

Karin Larcher

Das Märchen von der glücklichen Milchkuh und ihren Kälbern

Bibliografische Information der Deutschen Nationalbibliothek:

Die Deutsche Nationalbibliothek verzeichnet diese Publikation der Deutschen Nationalbibliografie, detaillierte bibliografische Daten sind im Internet über dnb.dnb.de abrufbar.

TWENTYSIX – Der Self-Publishing-Verlag

Eine Kooperation zwischen der Verlagsgruppe Random House und BoD – Books on Demand

© 2016 Larcher, Karin

Herstellung und Verlag:

BoD – Books on Demand, Norderstedt.

ISBN: 9783740717216

Wo immer ein Tier in den Dienst des Menschen gezwungen wird, gehen die Leiden, die es erduldet, uns alle an.

Albert Schweizer

Heute ist es so weit. Ja, ich spüre, dass es heute soweit ist. Heute kommt mein drittes Kalb zur Welt. Das wissen auch der Bauer und der Tierarzt, die gerade in den Stall gekommen und zu mir getreten sind. Aber vielleicht darf ich das Kalb diesmal so zur Welt bringen, wie ich es will. Vielleicht wird es nicht aus mir herausgerissen, sodass mich mein ganzer Leib schmerzt. Und vielleicht darf es diesmal bei mir bleiben. Vielleicht darf ich es ablecken, es berühren, ihm ganz nahe sein. Vielleicht darf ich ihm in die Augen sehen, vielleicht ...

Meine beiden ersten Kälber wurden mir einfach entrissen und auch wenn ich anderes erhoffe, spüre ich doch tief in meinem traurigen Herzen, dass es wieder so sein wird. Wieder darf ich nicht die liebende, fürsorgende Mutter sein. Wieder werde ich nur zur minderwertigen Milchmaschine degradiert. Ich kann es in den finsteren Gesichtern der beiden Männer sehen, in ihren eiskalten Augen ...

Aber so ist das nun mal auf dieser Welt. Der Mensch greift brutal in unser Leben und das unserer Kälber ein, so als wären wir nicht aus Fleisch und Blut und ebenso empfindsam, wie er selbst. Der Mensch bestimmt, was mit uns passiert und wie herzlos und gewaltsam es passiert. Unsere Kinder werden uns Milchkühen einfach fortgenommen, für immer. Und auch wenn ich es nicht sicher weiß, spürt mein müdes Herz dennoch, dass unseren Kälbern in Menschenhand nichts Gutes widerfährt.

Wir haben nicht die geringste Chance, unsere Kleinen vor diesem Zugriff zu schützen, angekettet wie wir hier auf engstem Raum, Schulter an Schulter zu leben verurteilt sind. Tag für Tag, Jahr für Jahr.

Leben! Es ist reine Häme, unser tristes Dasein überhaupt als solches zu bezeichnen. Wir Milchkühe werden der Möglichkeit beraubt, uns um unsere schutzlosen Kälber zu kümmern, für sie da zu sein, wie es Mütter für ihre Kinder von Natur aus normalerweise sind – sein sollten, aber das ist den

Menschen vorbehalten. Denn wir sind ja nur hier, um Milch für die Menschen zu produzieren. Das haben die Menschen irgendwann beschlossen. Mit welchem Recht, das weiß ich nicht. Wir fühlen doch genauso wie sie. Wir sehnen uns nach einem schönen Leben mit Licht und Liebe. Doch keines von beiden ist für uns bestimmt. Nur die schmerzhafte Trennung, sie widerfährt uns immer wieder. Sie ist unser herzloses Schicksal.

Selbst jetzt, da meine Wehen einsetzen, nimmt man mir die Kette nicht von meinem Hals, damit ich mich wenigstens jetzt ein wenig besser bewegen kann. Es ist schlimm, angekettet zu sein, aber wirklich

schlimm ist es, wenn das Ungeborene heranwächst
und der eigene Körper mehr und mehr nach
erleichternder Bewegung verlangt. Aber uns wird
nicht mehr zugestanden, als nur von einem Bein auf
das andere zu treten und nur mit angewinkelten
Beinen dazuliegen, auf hartem Boden im eigenen Mist.

Wie gerne würde ich mich wenigstens einmal auf
die Seite legen und in weichem Stroh meine
schmerzenden Beine von mir strecken. Wie gerne
würde ich einmal den Wind und die Sonne nicht nur
durch die kleinen Fenster erahnen, sondern auf
meiner Haut spüren. Wie gerne würde ich als
beseeltes Lebewesen behandelt werden, mit Respekt

und Wohlwollen ...

Ich versuche meinen Kopf zu drehen und sehe, wie der Tierarzt seine grässlich kalten Gummihandschuhe anzieht. Sie reichen weit über seine Ellenbogen, damit er auch ja tief genug in mich eindringen kann, um sich mein Kalb zu holen. Genauso, wie er es getan hat, als er mich gewaltsam schwanger gemacht hat.

*

Ich weiß nicht, was ich von der Welt da draußen zu erwarten habe. Ich habe keine Vorstellung von meinem Leben oder wie es verlaufen wird. Keine Idee davon, was ich erfahren oder wie es mir außerhalb meiner lieben Mama ergehen wird. Ich bin wahrscheinlich einfach nur in der selben positiven Erwartung wie wohl alle Lebewesen, die kurz davor stehen, den liebevollen, nährenden Körper ihrer Mutter zu verlassen und die nichts anderes kennen als Liebe und Geborgenheit. Ich bin eingebettet in dem Vertrauen darauf, dass es mir bei meiner Mama ganz bestimmt gut gehen wird und mir niemand willentlich Leid zufügen wird.

Alleine der Umstand, dass mich meine Mama in den sicheren Monaten immer wieder spüren ließ, dass sie unglücklich ist, verwirrt mich. Doch ich bin mir

sicher, dass sie glücklich ist, sobald wir uns sehen.
Sobald ich bei ihr liege, neben ihr stehe und hinter ihr
herlaufen kann. Das muss einfach wunderbar sein. Wie
freue ich mich schon darauf!

Puh, ich glaube, es ist Zeit, meine Reise zu
beginnen. Ich werde plötzlich unaufhörlich von der
angenehmen Weite in die Enge gepresst. Aber ich
wehre mich nicht dagegen, sondern mache mich ganz
lange um uns beiden, meiner Mama und mir, meine
Geburt so angenehm wie möglich zu machen. Zu diesem
Zweck stecke ich meinen Kopf zwischen meine
Vorderbeine und strecke mich. Ich spüre, so ist es

leichter für uns beide.

Doch da packt mich plötzlich etwas an den Vorderbeinen und zieht an mir. Unsanft und heftig. Ich erschrecke furchtbar. Was ist das, was mich da viel zu schnell aus meiner Mama herausreißen will? Noch bevor ich darauf eine Erklärung habe, knalle ich hart auf kalten Boden. Mir bleibt für einen Moment die Luft weg und ich versuche sofort meine Mama zu sehen. Doch hier draußen ist es nicht nur furchtbar kalt und hart – nein, es ist vor allem dieses grelle Licht, es tut so weh in meinen Augen. Ich blinzle, versuche meinen Kopf zu heben, um endlich meine Mama zu sehen. Da, das muss sie sein, vor mir braun-weiße Beine.

Wieder hebe ich meinen Kopf, ich bin müde und mir ist kalt, aber ich will unbedingt meine Mama sehen, und das gelingt mir jetzt auch endlich. Ich bin überglücklich, in ihre dunklen Augen zu sehen, die mich voller Liebe, aber auch mit sehr großer Traurigkeit betrachten. Langsam senkt sie den Kopf und begrüßt mich leise: „Hallo mein Kind", sodass nur ich es hören kann.

„Hallo Mama", erwidere ich überglücklich.

*

Wie hübsch es ist, mein kleines Kalb. Es ist ein braunes Mädchen mit wenigen weißen Flecken. Sie sieht zu mir auf. Ihr Köpfchen wackelt und sie ist ganz nass. Ich versuche sie zu erreichen, nur einmal, ein einziges Mal – bitte, Mensch lass es zu, ein Mal nur, bitte – aber es gelingt mir nicht, so wenig, wie es mir bei meinen beiden anderen Kälbern – einem hübschen Jungen und einem Mädchen – gelungen ist. Ich sehe den Tierarzt an, aber er hat nicht vor, mir zu helfen. Seine Augen sind kalt. Er begutachtet zusammen mit dem Bauern mein Kalb, das den beiden schutzlos ausgeliefert ist. Der Bauer packt eine Hand voll Stroh und reibt das Kleine unsanft ab. Dabei sollte es doch meine Zunge sein, die es liebevoll berührt.

*

Meine Mama senkt ihren Kopf und versucht mich zu berühren, aber es gelingt ihr nicht. Etwas klirrt. Erst jetzt sehe ich, dass Mama und ich nicht alleine sind. Viele Kühe stehen Schulter an Schulter neben uns und alle sind an schweren Ketten festgebunden. Ich versuche näher an meine Mama heranzukommen, aber es gelingt mir nicht. Ich habe noch nicht so viel Kraft, wie ich in diesem Moment gerne hätte. Irgendetwas reibt an meinem Körper, hektisch und lieblos. Noch während ich versuche, mich meiner Mama zu nähern, werde ich hochgehoben und von ihr weggebracht.

 *

„Es tut mir so leid", flüstere ich, „es tut mir so leid, dass ich dich in diese herzlose Welt gebären musste", sage ich und sehe, wie der Bauer sich über mein Mädchen beugt, es hochhebt und wegträgt, noch bevor ich es einmal berühren konnte. Es ruft nach mir, nach meinem Schutz, aber ich bin zur Untätigkeit verdammt. „Leb wohl, meine Kleine." Tränen füllen meine Augen und es bleibt mir nichts anderes übrig, als mich meinem einsamen Schicksal zu ergeben – zum dritten Mal.

*

„Mama, Mama!", rufe ich verzweifelt und versuche mich zur Wehr zu setzten, aber ich bin zu klein und zu schwach. Ich schaffe es nicht und der Abstand zwischen meiner Mama und mir wird immer größer und größer. Ein paar der anderen Kühe sehen mich traurig an, andere fressen desinteressiert weiter.

„So helft mir doch!" Sie scheinen schreiende Kälber gewöhnt zu sein und das macht mir Angst.

„Mama!" Ich versuche meinen Kopf zu drehen, um meine Mama zu sehen. Aber ich entferne mich immer weiter von ihr und höre schließlich nur noch ihre schöne, tiefe, so schrecklich traurige Stimme, ehe die

Tür zu ihr geschlossen wird.

Ich weiß nicht, wo ich hingebracht werde, aber ich hoffe, dass ich bald wieder bei ihr bin. Unsanft werde ich auf Stroh gelegt. Ich hebe meinen Kopf und sehe Gitterstäbe. Es ist so schrecklich kalt und ich sehne mich nach der Wärme meiner Mama. Doch alles, was ich habe, ist eine kleine Höhle und so wenig Platz, dass ich mich kaum bewegen kann.

„Mama?", flüstere ich leise.

„Du wirst sie nie wieder sehen, Kleine, tut mir leid." Eine tiefe Stimme durchschneidet meine Trauer. Neben mir am Gitter steht ein kleines Tier, so wie ich mit vier Beinen, aber rabenschwarzem Fell. Mit seinen gelben Augen sieht es mich an.

„Wer bist du, dass du so etwas behaupten kannst?", frage ich es.

„Ich bin eine der Hofkatzen, und ich lebe schon lange genug hier, um zu wissen, was passiert. Weißt du, nur sehr, sehr wenige der Kälber sehen ihre Mutter je wieder. Dabei hast du noch Glück gehabt, dass du ein Mädchen bist und so überhaupt leben darfst. Ein wenig zumindest."

„Weshalb, sollte ich nicht leben dürfen?"

„Wenn du ein männliches Kalb wärst, dann

würdest du nicht hier stehen. Die werden nämlich meistens getötet, gleich nach der Geburt. Es gibt einfach zu viele von ihnen."

„Aber warum kommen sie dann auf die Welt?" Die Katze kommt ganz nah, legt ihr Köpfchen schief und sieht mich blinzelnd an.

„Ich werde dir das erklären, so wie ich es schon unzähligen Kälbern vor dir erklärt habe und so, wie ich es leider noch unzähligen Kälbern nach dir erklären werde. Ihr kommt nur auf die Welt, damit eure Mütter Milch geben. Das ist es was der Mensch will: die Milch eurer Mütter."

„Haben denn die Menschenkinder keine Mütter, die Milch geben?", will ich neugierig wissen.

„Doch, natürlich, aber der Mensch will auch noch Milch, wenn die eigene Mutter schon lange keine mehr gibt."

„Warum?"

„Nun, das weiß wohl niemand so genau. Irgendwann hatte wohl ein Mensch die Idee, Tiermuttermilch zu trinken. Und seitdem nimmt er sie einfach, ohne darüber nachzudenken, ob sie ihm überhaupt zusteht. Oder ob er sie überhaupt benötigt. Es gibt bestimmt auf der ganzen Welt kein Tier das

Menschenmuttermilch trinken möchte. Aber die Menschen sind nun einmal recht gedankenlose Wesen. Sie stellen sich über uns Tiere und glauben – nur weil sie unsere Sprache nicht verstehen und auf zwei Beinen stehen –, wir wären dumm und hätten keine Gefühle oder Bedürfnisse. Und deswegen tun sie mit uns, was ihnen gefällt – ja, jede noch so schlimme Grausamkeit. Dabei ist der, der dich deiner Mutter entrissen hat, noch einer der netteren, denen du auf deinem Weg begegnen wirst."

„Auf meinem Weg?"

„Ja, du wirst hier nicht lange bleiben. Du kommst

fort von hier."

„Mit meiner Mama?" Hoffnung keimt in mir auf. Die Katze schüttelt den Kopf.

„Deine Mama muss zwar auch irgendwann fort, aber noch ist es zu früh. Sie gibt noch viel Milch – dank dir und natürlich dank der vielen künstlichen Mittel, die sie bekommt. Und solange sie Milch gibt, bleibt sie hier, angebunden im engen dunklen Stall." Die Katze sieht nun traurig drein. „Aber dich wird der Bauer fortbringen von hier, schon recht bald, fürchte ich."

„Wohin, wohin bringt er mich?" Ich spüre, wie mein kleines Herz immer ängstlicher schlägt. Die Katze schüttelt erneut den Kopf.

„Es ist besser, du weißt es nicht, glaub mir."

„Aber es ist doch schön dort, wo er mich hinbringt?", will ich wissen.

„Ich fürchte, dieser Ort hier ist der schönste, an dem du jemals sein wirst, wenn nicht ein Wunder geschieht."

„Was ist ein Wunder?"

„Es gibt Menschen, die ihr Herz geöffnet haben und Tiere retten vor der Habgier auf dieser Welt. Wenn so ein Mensch hier auftaucht und dich an einen schönen Ort bringt, wo es dir gutgeht und du dich frei bewegen kannst, dann nennen wir Tiere das ein Wunder."

„Und wenn dieser Mensch kommt, rettet der dann auch meine Mama und die anderen Kühe?"

„Vielleicht, aber ich denke eher nicht. Sieh mich an, ich warte nun schon so viele Jahre darauf, dass mich jemand mitnimmt, dorthin, wo es mir gut geht, wo ich genug zu fressen habe und ohne Angst leben kann."

„Weshalb willst du von hier weg? Du bist nicht eingesperrt, du kannst dich frei bewegen."

„Ja, das schon, aber sonst habe ich hier nichts gutes zu erwarten. Mir ergeht es nämlich wie deiner

Mutter. Jedes Jahr werden auch mir meine Kinder weggenommen und erschlagen, ertränkt oder einfach nur zertreten. Manchmal aber sterben sie, bevor der Bauer sie findet, weil sie krank und viel zu schwach sind für diese grausame Welt, in der wir hier leben müssen." Die Katze hustet fürchterlich. Sie atmet schwer, als sie weiter spricht. „Manchmal darf ich aber eines oder zwei behalten. Dann nämlich, wenn eine von uns erwachsenen Katzen stirbt, was nicht selten der Fall ist, kümmert sich doch kein Mensch um uns, wenn wir krank sind."

   Die Katze kommt ganz nahe und ich senke mein

Köpfchen. Nun spricht sie leise weiter und vergewissert sich, ob uns auch ja niemand zuhört.

„Und falls es mir doch einmal gelingt, meine Kinder gut zu verstecken, haben die Menschen keinerlei Skrupel, sie zu töten, sobald die Kleinen ihr Versteck verlassen, auch wenn sie bereits lebenslustig umherspringen."

„Die Menschen trinken also auch deine Milch?"

„Du Dummerchen, natürlich nicht."

„Aber weshalb nehmen sie dir dann auch deine Kinder weg?"

„Weil ich zwei-, manchmal sogar dreimal im Jahr

Babys bekommen muss, wie alle anderen Katzen hier. Und obwohl uns der Mensch helfen könnte, nicht schwanger zu werden, tut er es nicht. Und so bekommen wir nur Babys, damit sie getötet werden, denn für so viele Katzen ist hier kein Platz. Und es gibt auch nicht genug Mäuse um satt zu werden."

Neidvoll sehe ich der Katze nach, als sie hinter den Mauern verschwindet. Wie gerne würde ich ihr folgen und meine schmerzenden Beine ordentlich strecken. Aber ich bin eingesperrt, auf engstem Raum, draußen, weit weg von der Wärme und Liebe meiner Mama. Traurig sein macht müde. Ich spüre diese erdrückende Hoffnungslosigkeit, die sich über meinen

kleinen Körper legt und ihn immer müder werden lässt,

bis ich schließlich einschlafe mit dem wunderschönen

Wort Wunder in meinem Kopf.

*

Mein Euter tut weh. Es ist prall gefüllt, mit viel

zu viel Milch. Ich werde dazu gezwungen, viel mehr

Milch zu produzieren, als für meinen Körper gut ist.

Und dennoch bekommt mein Kalb keinen Schluck

davon. Immer noch habe ich sein Rufen in meinen

Ohren. Aber vielleicht sehe ich es wieder, auch wenn

das dann ein trauriges Wiedersehen sein würde. Denn

wenn es hier angekettet wird, muss es dasselbe Leid

erdulden wie wir alle hier.

Immer wieder kommt eines der Kälber Monate später zurück. So wie die Rotbraune dort drüben. Besonders traurig ist, dass sie den Platz ihrer Mutter eingenommen hat.

Sie war schon zu schwach, um diese Tortur hier noch länger auszuhalten. Das jährliche Kalben, das Produzieren der Unmengen von Milch. Keine Bewegung, kein gutes Wort, kein warmer Blick. Das alles zehrt uns aus. Dann müssen wir unseren letzten Weg antreten, den zur Schlachtbank ...

Irgendwann steht er auch mir bevor, und ich fürchte, es wird nicht mehr lange dauern, denn auch

mich verlassen meine Kräfte mehr und mehr. An
manchen Tagen kämpfe ich dagegen an, aber egal, wie
sehr ich es auch versuche, ich werde diesen Kampf
ohnehin so oder so verlieren ...

*

Ich träume von meiner Mama. Sie leckt mich ab.
Berührt mich ganz zärtlich mit ihrem Kopf. Sie sieht
mich an, so voller mütterlicher Liebe, Fürsorge und
Dankbarkeit. Dankbarkeit dafür, dass ich da bin. Und
ich blicke in ihre wunderschönen dunklen Augen, die
von langen Wimpern umrahmt sind. Sie ist so
wunderschön und ich bin so glücklich, bei ihr zu sein.

*

Ich träume von meinem Mädchen. Ich lecke es ab, es schmeckt so wunderbar. Es riecht so wunderbar. Es ist ein Wunder. Das Leben ist ein Wunder. Unser Leben leider nicht. Unser Leben heißt Leiden den ganzen Tag und die ganze Nacht ohne Ende. Ich erinnere mich an meine Mutter. Wie sie mir nachsah, als der Mensch mich von ihr wegbrachte. Ich habe geschrien, so laut ich konnte: „Mama, Mama!" Vergebens.

Es wiederholt sich, immer wieder und immer wieder und immer wieder ... solange der Mensch unsere Milch stiehlt und kein Erbarmen kennt. Niemand hat mit uns Erbarmen. Niemand erkennt, dass es Unrecht ist. Tagtäglich geschieht dieses

Unrecht, und niemand findet es der Mühe wert, uns zu

helfen, weil wir ja nur Tiere sind. Für die Menschen

seelenlos. Dabei müssten sie uns nur einmal in die

Augen sehen und sich eingestehen, dass sie sich irren.

*

Als ich die Augen aufschlage, bin ich immer noch

alleine. Meine Mama ist nicht bei mir. Es war also nur

ein schöner Traum. Ich blicke auf zu dem grauen

Plastikdach. Ich versuche mich zu strecken. Das

Aufstehen ist mühsam. Mein kleiner Körper möchte

sich gerne bewegen, aber das ist hier in meinem

Gefängnis nicht möglich.

Wackelig gehe ich die zwei Schritte unter meinem Dach hervor. Sehnsüchtig sehe ich zu dem grauen Gebäude hinüber, in dem meine Mama lebt, in dem ich geboren wurde. Aber die kleinen, schmutzigen Fenster erlauben keinen Blick ins Innere.

Erst jetzt bemerke ich, wie warm es heute ist, und der Himmel, er ist nicht so trüb wie gestern. Mein trauriges Herz erlaubt sich einen winzig kleinen Freudensprung und ich strecke mein Näschen der Wärme entgegen. Das tut so gut. Wie schon gestern stapft ein Mensch zu meinem Gefängnis und befestigt den Kübel mit dieser ekelhaften Flüssigkeit, die ich statt der Milch meiner Mama trinken muss. Ich sehe den Menschen an.

„Hab Erbarmen mit mir, lass mich bitte wieder zu meiner Mama, bitte", sage ich leise. „Ich sehne mich so sehr nach ihr." Doch sein Blick ist gleichgültig meiner Bitte und geringschätzig mir gegenüber. Er und auch keiner der anderen Menschen, die ab und zu vorbeikommen, haben einen freundlichen Blick oder ein gutes Wort für mich übrig oder streichen mir gar über mein Fell.

Dabei sehne ich mich so sehr nach einer

zärtlichen Berührung. Ich bin so schrecklich einsam und traurig und kann doch nicht das Geringste dagegen tun. So vergeht auch dieser Tag, ohne dass ich meine Mama gesehen habe. Auch wenn ich mich dagegen wehre, wird meine Hoffnung, sie je wiederzusehen, immer kleiner.

Inzwischen weiß ich ohnehin nicht mehr, was schlimmer ist: die Sehnsucht nach meiner Mama, die Sehnsucht danach, mich zu bewegen, oder die Angst vor dem, was noch kommen wird.

„Hallo Kälbchen!" Eine helle Stimme reißt mich aus meinen Gedanken. Doch es ist nicht die Katze, die am Gitter steht, sondern ein kleines Menschenkind.

Seine Augen leuchten freundlich. Wie gut das tut. Und

dann – ich kann es kaum fassen – schiebt es seine

kleine Hand durch die Gitterstäbe hindurch und

berührt mich. Ganz sanft und zärtlich. Wie unendlich

gut das tut. Und sein Lachen, es ist einfach wunderbar.

Und in seinen Augen liegt so viel Liebe. „Du hast aber

ein schönes, weiches Fell." Ich schließe die Augen und

genieße diese unverhofft liebevolle Begegnung mit all

meinen Sinnen.

„Jakob! Jakob!" Aufgeregt kommt ein Mensch

herübergerannt, packt das Menschenkind an der Hand

und zerrt es von mir weg. „Wie oft habe ich dir schon gesagt, dass du nicht zu den Kälbern gehen sollst!" Mit roten Backen sieht er zuerst wütend auf das Menschenkind hinunter, um dann mir einen verachtenden Blick hinüberzuwerfen, so als wäre ich schrecklich böse.

„Sein Fell ist so weich, Mama." Mama, was für ein schönes Wort, was für ein schmerzvolles Wort.

„Wer ist denn das?", will ich von der Katze wissen, nachdem das Menschenkind verschwunden ist und sie stattdessen wieder am Gitter steht.

„Das ist Jakob. Der Sohn von den Bauersleuten.

Das eben war seine Mutter, und er dort drüben auf dem Traktor, das ist sein Vater."

„Jakob ... er hat mich gestreichelt", schwelge ich in der wundervollen Erinnerung.

„Ja, er ist ein lieber Junge."

„Aber weshalb darf er nicht zu mir kommen?"

„Weil er dich nicht lieb gewinnen darf."

„Das verstehe ich nicht."

„Schau, das ist so: Ihr Kälber seid – entschuldige, wenn ich das so sage – in den Augen der meisten Menschen nichts wert, ihr seid Abfall, ein notwendiges Übel, und das soll Jakob von klein auf lernen." Ich kann nicht glauben, was die Katze mir da erzählt. „So wie wir Katzen nur geduldet werden, weil wir Mäuse fangen, so seid ihr nur der Milch wegen hier. Aber du hast ehrlich Glück, dass du hier geboren wurdest. Es gibt nämlich ein Land, das heißt Italien. Dort wird aus der Milch ein Käse gemacht. Der heißt Büffelmozzarella. Die Menschen nennen in Delikatesse und bezahlen sehr viel Geld dafür."

„Und dort in Italien geht es den Kälbern besser?"

„Eben nicht. Sie werden entweder von ihren Müttern getrennt, sodass die zusehen müssen, wie ihre

Kinder verhungern oder die Kälbern werden lebend mit zusammengebundenen Beinen und Mäulern wie Müll einfach weggeworfen. Das ist billiger, als sie zu füttern und zu schlachten, weil sie ohnehin nichts wert sind." Ich kann dieses Grauen kaum fassen.

„Aber die Menschen, sie können doch nicht alle so gleichgültig und hartherzig sein?"

„Nein, das sind sie wahrlich nicht. Es gibt Tiere, die werden von den Menschen geliebt, umsorgt und behütet. Aber es gibt eben auch Tiere, die werden von den Menschen ausgebeutet, gequält und gegessen." Ich erschrecke fürchterlich.

„Die Menschen essen Tiere?"

„Ja."

„Aber weshalb tun sie denn so etwas Schreckliches?"

„Das nennt man Wirtschaft. Die einen produzieren die Tiere und die anderen kaufen sie, weil sie sich einreden lassen, dass sie Tierleichen essen müssen, um gesund und glücklich zu sein. Die Menschen denken nicht darüber nach, was sie sich selbst, den Tieren und der ganzen Erde damit antun. Für sie wird aus Unrecht automatisch Recht, weil es viele von ihnen tun und weil ihnen der Mut fehlt, anders zu sein und

Verantwortung für ihr Verhalten zu übernehmen.
Weißt du, alle diese geschundenen Tiere machen
natürlich auch sehr viel Mist. Keiner weiß dann wohin
damit. Und so wird er einfach auf die Felder verstreut.
Und wenn es dann regnet, werden die Bäche und Flüsse
damit verseucht. Die Menschen vergiften sich selbst
und bemerken es nicht einmal. Dabei sind sie doch so
von ihrer Klugheit überzeugt."

„Aber die Menschen müssen doch sehen, was sie
tun?"

„Vielen ist es einfach egal. Und die, die vielleicht
fragen würden, glauben der Werbung."

„Was ist Werbung?", will ich wissen.

„Werbung zeigt den Menschen, was sie sehen dürfen und wollen. Sie zeigt nicht die gerodeten Wälder am anderen Ende der Erde, wo Futter für euch Nutztiere angebaut wird. Sie zeigt nicht die Menschen, die anderswo vertrieben werden oder die schönen, wilden Tiere, die schon bald keinen Lebensraum mehr haben werden."

„Das verstehe ich nicht."

„Siehst du den Lastwagen?", fragt sie mich und ich sehe hinüber zu dem lauten Monstrum, das jeden Tag auf den Hof fährt. Ich nicke. „Der kommt vom

Milchhof und holt die Milch. Und jetzt sieh mal, was

der hintendrauf hat." Ich tue, wie mir geheißen, und

sehe ein riesiges Foto, von einer Kuh, die zufrieden auf

der Weide grast. Daneben ein lächelnder Mensch.

„Was hat das zu bedeuten?", will ich ratlos

wissen.

„Die Menschen sehen solche Bilder und denken,

dass es den Tieren gut geht. Sicherlich, es gibt

tatsächlich Höfe, wo die Kühe auf die Weide dürfen."

„Wirklich?", will ich wissen.

„Ja, aber nur sehr, sehr wenige. Der Mensch

nennt das dann bio. Ihr Kälber müsst aber dennoch

verschwinden. Aber weil diese Haltung ohnehin zu aufwendig ist, stehen die meisten Kühe eben angebunden im Stall. Weißt du, kein Bauer kann von dem Verkauf eurer Milch leben. Schließlich kostet die Ersatzmilch, die euch Kälbern gefüttert wird sehr viel Geld. Und dann noch die Spritzen und Pillen, die jede Kuh bekommt, damit sie mehr Milch gibt, als normal ist. Da kommt schon ein schönes Sümmchen zusammen."
Die Katze legt ihr Köpfchen schief und sieht mich an.

„Aber könnte der Bauer denn nichts anderes tun?", frage ich zaghaft.

„Ich denke schon. Er könnte Gemüse anbauen und

Getreide pflanzen. Aber weshalb sollte er das tun? Schließlich gibt es diesen großen, mächtigen Verein – natürlich von Menschen gegründet – der dem Bauern viel Geld dafür bezahlt, dass er euch weiter quält. Und so kann er trotzdem gut leben, obwohl er nichts an euch verdient. Und die Menschen trinken weiter die Milch, obwohl sie spüren, dass sie ihnen gar nicht guttut. Was kein Wunder ist, schließlich sind ja keine Kälber und die Kühe nicht ihre Mütter."

„Weshalb hören sie dann nicht auf damit? ", will ich wissen. Die Katze lacht.

„Erstens, weil die Menschen das Vertrauen in sich

selbst verloren haben und zweitens, weil jemand Tabletten erfunden hat, die die Menschen nur schlucken müssen, damit sie ja nicht spüren, dass ihre Körper die Milch ablehnen. Und die Werbung sorgt dafür, dass die Menschen nicht von Bildern ausgebeuteter Tiere gequält werde. So wird die Lüge zur Wahrheit und die Menschen kommen nicht auf die Idee, ihre eigenen Krankheiten mit den Qualen der Tiere in Verbindung zu bringen." Die Katze sieht mich an. „Aber nicht alle Menschen sind so taub und blind für dieses Unrecht. Es gibt Menschen, die keine Milch mehr trinken oder Tierleichen essen", erklärt sie mir.

„Wir zwei werden es zwar nicht mehr erleben, aber der Tag wird kommen, an dem die Welt auch für uns Tiere wunderbar sein wird. Und wir nicht mehr von den Menschen ausgebeutet werden."

„Ist sie groß, diese Welt?", will ich von ihr wissen.

„Für uns ist sie noch recht klein. Sie reicht gerade einmal von einem gütigen Menschenherzen zum anderen, aber sie dehnt sich immer weiter aus ... recht langsam aber beständig."

„Aber weshalb dauert das so lange?"

„Weil die Menschen geblendet sind. Geblendet von ihrer Gier nach Dingen, die sie haben wollen, weil sie denken, dass ihr Glück davon abhängt. Aber was braucht man schon um wirklich zufrieden zu sein?"

„Liebe", kommt es mir von selbst über die Lippen.

„Liebe ... ja, da hast du Recht, Kälbchen."

*

Es ist wieder so weit. Der Tierarzt mit seiner qualbringenden Tasche. Allen von uns ist die Angst ins Gesicht geschrieben, wenn er den stickigen Stall betritt. Nur der Rotbraunen nicht. Noch nicht. Sie ahnt nicht, was ihr bevorsteht. Heute ist ihr erstes Mal. Ab heute ist sie kein Kind mehr. Nach heute wird sie selbst ihr erstes Kind erwarten, obwohl sie selbst noch so jung, ja fast ein Kalb ist. Sie weiß weder, was das heißt, noch welche Trauer und Schmerz das für sie bedeutet. Auch mir wird diese Tortur bald wieder bevorstehen, ob ich will oder nicht. Das ist mein Schicksal. Kälber zu gebären, ohne je eines von ihnen aufwachsen zu sehen, das ist unser aller Schicksal, solange die Menschen nicht auf ihre Herzen hören.

*

Ich bin wieder alleine. Verlassen, vergessen, weggeworfen. Es wird immer kälter, doch ich bekomme kaum Stroh, also ziehe ich mich weit zurück in meine Plastikbehausung. Wenn ich meine Augen schließe, träume ich von einer schönen, guten Welt auch für mich und meine Mama. Ich träume von einem Wunder.

Jakob fällt mir ein und ich spüre seine kleine Hand an meinem Hals. Ich bin müde und suche erneut Trost in meinen Träumen.

*

Endlich, die schwarze Katze ist wieder einmal im Stall. Ich versuche mich bemerkbar zu machen, irgendwie, soweit es meine kurze Kette zulässt. Ab und an erzählt sie uns von draußen. Ob die Sonne scheint, wie die Blumen blühen und ob der Wind weht.

„Katze, Katze!", rufe ich ihr zu. Sie hebt ihr Köpfchen und schaut in meine Richtung. „Katze!" Langsam kommt sie näher. Sie ist meine einzige Verbindung zu draußen. „Sag mir, Katze, hast du mein

Kälbchen gesehen?“ Sie nickt.

„Ja, es steht im Hinterhof.“

„Wie geht es ihm?“

„Es sehnt sich nach dir.“ Mein Herz blutet und ich spüre, wie sich meinen Augen mit Tränen füllen. Welch ein Schmerz, kein Schlag des Menschen hat mich je so verletzt. Daran habe ich mich inzwischen gewöhnt, aber an die Ohnmacht, für mein Kind da sein zu können, werde ich mich mein ganzes, kurzes Leben nicht gewöhnen.

„Katze, bitte sage ihm ...“ Da plötzlich stapft der Bauer herein und die Katze verschwindet, noch bevor ich den Satz zu Ende sprechen kann.

*

Als ich heute aufgewacht bin, fiel kleines, weißes Zeug vom Himmel und es war schrecklich kalt.

„Was ist denn das?", will ich von der Katze wissen.

„Das ist Schnee", erklärt sie mir. Kalter Wind lässt meine Glieder starr werden. Ich würde so gerne einmal gehen. „Jetzt im Winter fällt der anstatt des Regens vom Himmel."

„Katze, habe ich eigentlich einen Vater?"

„Aber natürlich Dummerchen, jeder hat einen Vater."

„Und wo ist er? Kann er mir nicht helfen?"

„Der lebt irgendwo angekettet, genau wie deine Mutter." Traurig lasse ich mein Köpfchen sinken, da dreht sich die Katze noch einmal zu mir um. „Ich habe heute deine Mutter gesehen." Augenblicklich erbebt mein Körper vor freudiger Begeisterung, auch wenn es dafür keinen Grund gibt.

„Meine Mama, du hast meine Mama gesehen? Wie geht es ihr?"

„Nun, wie es einer Milchkuh eben geht. Sie steht da und produziert Milch, dafür ist sie schließlich auf die Welt gekommen." Augenblicklich ist meine Freude verflogen. „Sie kann nicht mehr und nicht weniger verlangen von ihrem Leben."

„Und wofür bin ich auf die Welt gekommen?" Die Katze sieht mich traurig an.

„Du bist nur auf die Welt gekommen, um bald wieder zu sterben. Es tut mir leid, ich habe die Gesetze des Menschen nicht gemacht", sagt sie und lässt mich mit meiner Angst alleine. Und auch wenn ich nicht weiß wohin, so erkenne ich, dass ich aus meinem Gefängnis flüchten muss. Ich beiße in das kalte Gitter. Es schmerzt auf meinem zahnlosen Kiefer. Doch ich versuche es immer wieder, immer wieder, bis mir klar wird, dass ich ja nicht einmal wüsste wohin, wenn ich es auch schaffte, das kalte Eisen durchzubeißen. Erschöpft lege ich mich hin. Irgendwann muss es doch anders werden – mein Leben – besser. Irgendwann, ganz bestimmt. Und wie an allen Tagen, seit ich hier bei den Menschen bin, bricht die einsame Nacht über mich herein, ohne dass der Tag bereit war, mir auch nur einen einzigen glücklichen Moment zu schenken.

„Was sind denn das für Tiere?", will ich von der Katze wissen, nachdem ich an diesem Morgen versucht habe, mich zu strecken und meine Glieder von ihrer eingesperrten Steifheit zu befreien. Was mir auch heute nicht gelungen ist. Gestern waren mir die braunen Flecken zum ersten Mal aufgefallen, dort hinten auf dem nun weißen Hügel, hinter meiner trostlosen, grauen Mauer.

„Das sind Pferde."

„Pferde, was sind Pferde?"

„Pferde sind sehr nützlich und stehen in der Gunst der Menschen weit oben. Gut, viele von ihnen, die nicht so schön oder stark sind, werden auch gegessen." Die Katze kommt, wie immer, wenn sie mir etwas sehr Wichtiges zu sagen hat, ganz nahe an mein Gefängnis und ich senke den Kopf um sie auch ja zu verstehen.

„Aber diese Pferde da drüben sind edle Reittiere, sie tragen die Menschen umher, sodass die nicht selbst laufen müssen. Und deshalb bekommen sie auch sehr gutes Futter, werden umsorgt, gehegt und gepflegt. Und die Menschen geben ihren Pferden Namen."

„So wie ihren Kindern?"

„Ja, weil die Menschen ihre Pferde lieben. Wenn Menschen Tiere respektieren, geben sie ihnen Namen."

„Aber ... aber das könnte ich doch auch", erkläre ich hastig.

„Was? Was könntest du auch?" Die Katze sieht mich fragend an.

„Menschen tragen. Wenn ich größer bin, dann könnte ich bestimmt auch Menschen tragen. Und dann, dann bekäme ich auch einen Namen und dürfte auf die Wiese." Die Katze sieht mich kopfschüttelnd an.

„Nein, du wirst niemals einen Namen bekommen. Und schon gar nicht jemals über eine Wiese laufen."

„Aber warum denn nicht? Ich will auch springen und laufen und glücklich sein."

„Ja das wollen wir alle, aber nur wenigen Tieren wird das vom Menschen auch zugestanden. Natürlich gibt es Höfe, wo Tiere friedlich und sicher bis an ihr Lebensende sein dürfen, aber wir hier haben leider nicht das Glück auf einem solchen geboren worden zu sein." Ohne ein weiteres Wort geht die Katze davon. Wie gerne würde ich mit ihr wenigstens über den Hinterhof laufen. Wie gerne wäre ich kein hässliches, unnützes Kalb, sondern ein schönes Reitpferd mit einem Namen ...

*

Ich habe es hinter mir. Heute war der Tierarzt bei mir und ist wieder in mich eingedrungen. Ich weiß, dass es das letzte Mal sein wird, denn ich spüre, wie die wenigen Kräfte in mir schwinden. Ich bin ausgelaugt, müde und traurig. Ich sehne mich nach Ruhe, Frieden und nach meinen Kindern. Keine meiner

Sehnsüchte wird sich jemals erfüllen. Was mir bleibt, ist die Hoffnung, dass mein Kälbchen ein friedliches, angstfreies Leben leben darf. Vielleicht gibt es da draußen wenigstens einen Menschen, der mit ihm Erbarmen hat. Vielleicht ...

*

Aufgeregt kommt die Katze am frühen Morgen angelaufen.

„Er kommt! Er kommt!", ruft sie.

„Wer kommt?" Kaum ausgeschlafen, versuche ich herauszufinden, was denn los ist. Atemlos steht die Katze am Gitter.

„Der Bauer! Er bringt dich fort von hier!" Angst

erfasst jede Zelle meines Körpers.

„Aber … aber ich will nicht fort … ich will nicht …" Schon sehe ich den Wagen mit einem komischen Gefährt hinten dran. „Bitte, Katze, hilf mir!"

„Es tut mir leid, Kälbchen, aber ich kann dir nicht helfen. Mach's gut …" Ich sehe ein letztes Mal in die gelben, traurigen Augen der Katze, ehe der Bauer sie schimpfend davonjagt.

Mit finsterer Mine kommt er nun auf mich zu, öffnet mein Gefängnis und zerrt mich heraus in Richtung seines Wagens. Es ist das erste Mal, dass ich mehr als zwei Schritte gehen kann. Meine Beine sind wackelig und ich wehre mich mit aller Kraft dagegen, in den kleinen Kasten gezerrt zu werden.

„Komm schon, du blödes Vieh!", schreit mich der Bauer an. Ich spüre einen heftigen Schmerz auf meinem Rücken. Die Bäuerin steht hinter mir und schlägt mit einem dicken Stock auf mich ein. „Beweg dich, du dummes Vieh!", schreit sie. Weshalb sind sie so böse zu mir, weshalb schlagen sie auf mich ein? Ich habe doch niemandem etwas getan. Unablässig fährt der Stock auf mich nieder, immer und immer wieder, bis ich bereit bin, in den engen Kasten zu steigen, erst da lässt die Bäuerin von mir ab. Der Bauer bindet mich fest und schließt die Tür hinter mir.

Ich hebe den Kopf und versuche aus dem kleinen Fenster vorn hinauszusehen, während die Fahrt beginnt, aber ich bin viel zu klein. Ich werde hin und her geworfen, muss aufpassen, dass ich nicht umfalle.

Vielleicht hat sich die Katze ja getäuscht und ich werde wo hineingebracht, wo ich auf die Wiese darf, genauso wie die Pferde. Ich denke an meine Mama. Sie werde ich nie wieder sehen, das weiß ich jetzt ganz bestimmt. Nur einmal habe ich ihren liebevollen Blick auf mir spüren dürfen. Daran werde ich mich mein Leben lang erinnern, denn das war das Allerschönste was ich auf dieser Welt erleben durfte.

*

Ich wusste, dass der Bauer mein Kalb heute weggebracht hat, noch ehe es mir die Katze erzählt hat. Ich trauere noch um dieses Kind, während ich gezwungen bin, bereits um mein Ungeborenes zu trauern. Weshalb nur tun uns die Menschen das an?

*

Die Fahrt ist zu Ende und die Tür hinter mir wird wieder geöffnet. Unsanft drückt mich der Bauer zu Seite, bindet mich los und zerrt mich hinaus. Ich habe zu tun, dabei nicht hinzufallen. Er boxt mir wuchtig in die Flanke, sodass mir einen Moment die Luft wegbleibt.

„Pass doch auf, du blödes Vieh!" Ich versuche mich umzusehen, während ich gezerrt und gestoßen werde. Da sehe ich sie! Viele kleine Kälber fallen mehr, als dass sie gehen aus einem großen Lastwagen. Viele von ihnen sind so klein, dass sogar die Nabelschnur noch an ihren kleinen Bäuchen baumelt. Ein paar Menschen mit Stöcken in den Händen schlagen auf sie ein , schreien sie an, treten sie, beschimpfen sie.

Das alles scheint ihnen auch noch Spaß zu machen, denn sie haben grinsende Gesichter. Erst jetzt sehe ich den zweiten Lastwagen, in den ein paar der Kälber hineingetrieben werden und plötzlich bin ich mitten unter ihnen. Schon spüre ich wieder einen Stockschlag genau auf meinem Kopf.

„Jetzt beeilt euch schon! Ich dresche dich tot, wenn du nicht weitergehst!" Ein ganz kleines Kalb fällt zu Boden und der Mann über ihm packt es einfach am Bein und zerrt es die Rampe herunter. Ich höre, wie einer der kleinen Knochen bricht, und das Kälbchen schreit herzzerreißend. Doch der Mann zerrt es einfach weiter. Ich weiß nicht, was schlimmer ist. Die wütenden Schreie der Menschen oder die angstvollen Schreie der Tiere.

Obwohl wir schon ganz eng zusammenstehen, werden immer noch Kälber in den Transporter verfrachtet. Panik erfasst mich, wie auch alle anderen, als die Tür verriegelt wird. Es ist so dunkel und eng, ich bekomme kaum Luft, und die Hilferufe der anderen Kälber durchdringen jede Faser meines Körpers. Schon setzt sich der Lastwagen laut dröhnend in Bewegung, sodass wir fest aneinandergedrückt werden. Es ist so eng, dass ich nicht einmal meinen Kopf drehen kann.

„Mama! Mama!", schreit ein Kälbchen neben mir. Es ist noch viel kleiner als ich.

„Wo bringen sie uns hin?", höre ich eine zarte

Stimme.

„Ich weiß es nicht", antwortet ein Kalb.

„Ich habe solchen Durst."

„Ich auch!"

„Mama, Mama!"

„Ich habe solchen Durst!" Je länger die Fahrt dauert, desto kläglicher werden die Schreie, die niemand zu hören scheint. Es ist so heiß und wir bekommen kaum Luft. Auch als wir stehen bleiben und lange Zeit nicht weiterfahren, hilft uns niemand. Durch die schmalen Fenster sehe ich zwei dicke Männer, die lachend genüsslich etwas trinken, ehe sie einsteigen und unsere qualvolle Fahrt fortsetzen.

„Hilfe! Hilfe!", schreit irgendwo hinten ein Kalb. „Weshalb hilft uns denn niemand!?"

„Wer soll uns helfen? Unsere angebundenen Mütter? Die Menschen?", vernehme ich eine andere Stimme.

„Ich kann nicht mehr." Das Kalb neben mir ist schon ganz schwach. Es zittert am ganzen kleinen, dünnen Körper.

„Du musst durchhalten, es ist bestimmt nicht mehr weit", versuche ich es aufzuheitern, obwohl ich selbst nur noch aus Angst, Verzweiflung und Schmerz bestehe. Doch schon haben seine kleinen, kurzen Beine ihren Dienst aufgegeben und es sackt zu Boden. Ich kann nicht verhindern, dass andere Kälber auf das Kleine steigen. Ich höre wieder Knochen brechen. Das zweite Mal an diesem grausamen Tag.

Die Trockenheit hat nun mein ganzes Maul erfasst. Das Schlucken tut so weh, ich bin so durstig, hungrig und müde. Und gerade, als auch ich spüre, wie meine Beine immer schwächer werden, scheinen wir angekommen zu sein an unserem unbekannten Ziel. Ich muss meine Augen zusammenkneifen, als die Tür geöffnet wird und die Sonne Licht in unser qualvolles

Gefängnis bringt. Das kleine Kalb am Boden, es atmet noch.

„Komm, wir sind da", flüstere ich, aber es ist zu schwach und es sind wohl zu viele Knochen in seinem kleinen zarten Körper gebrochen, als dass es aufstehen könnte. Wieder wird laut geschrien, aber ich verstehe die wilden Frauen und Männer nicht, die wieder unsanft auf uns einschlagen und eintreten. Ein Kalb stolpert, was ihm einen wuchtigen Fußtritt eines finster dreinschauenden Mannes einbringt. Ich höre erneut, wie Knochen brechen ... Das verletzte kleine Kalb wird von einer großen dicken Frau am Schwanz gepackt, brutal herausgezogen und von der Rampe geschmissen. Wie Abfall. Die Katze hatte also doch recht. Wir sind nicht mehr und nicht weniger als Abfall und somit in den Augen der Menschen nicht wert, respektvoll behandelt zu werden. Wir haben keinerlei Rechte, außer das Recht, grausam gequält zu werden.

Nur kurz dürfen wir die Sonne auf unseren geschundenen Körpern spüren, nur kurz den Wind durch unser Fell streichen lassen. Es ist ein riesiges Gebäude – viel größer als der Stall, in dem ich auf die Welt gekommen bin –, in das wir getrieben werden. Die Menschen schreien vor Wut und Zorn, die Kälber aus

Angst und Schmerz. Unzählige Kälber stehen bereits in dem dunklen Verlies. Sie sind so kurz angebunden, dass sie nicht einmal ihren Kopf heben können, um uns anzusehen. Ihre Augen sind starr, ohne jegliches Leben darin, ihr seelisches Rückgrat wurde schon vor langer Zeit gebrochen.

Auch ich erhalte meinen Platz in einer der unzähligen Reihen. Es ist so eng, dass das Gitter, das uns voneinander trennt, fast meine Flanken berührt. Hier muss ich bleiben? Erst jetzt ist mir klar, was das heißt. Ich kann weder vor noch zurück, und auch das Liegen ist nur möglich mit tief unter den Körper gezogenen Beinen. Es gibt kein Stroh, der Boden ist hart und kalt. Und es stinkt entsetzlich. Wir werden gezwungen, es in unseren eigenen Exkrementen auszuhalten. Ich versuche meinen Kopf zu heben und blicke auf eines der winzig kleinen schmalen Fenster. Sie lassen nur erahnen, ob es Tag oder Nacht ist, ob die Sonne scheint oder ob es regnet.

*

Nun ist es bald wieder so weit. Mein viertes Kalb kommt auf die Welt. Inzwischen weiß ich ganz bestimmt, dass es mein letztes sein wird. Ich weiß, dass ich zu wenig Milch gebe und der Bauer mich bald von hier wegbringen wird. Dann hat mein Leid ein

Ende und ich muss keine Kälber mehr in diese grausame Welt setzen, auch wenn mein letzter Weg ganz bestimmt kein schöner sein wird.

*

Die Schreie der Kälber sind schon lange verstummt. Nur die neuen, die immer wieder an die Stelle der weggebrachten Kälber kommen, schreien zu Beginn noch, aber nicht sehr lange. Schreien kostet zu viel Kraft und es hilft uns ja doch niemand. Also leiden wir still vor uns hin. Ich weiß nicht, wie viel Zeit inzwischen vergangen ist. Aber das ist ja auch egal, denn kein einziger meiner Tage war lebenswert. Nein, das stimmt nicht. Der Tag meiner Geburt, an dem ich meiner Mutter das erste und letzte Mal in die Augen sehen durfte, das war der schönste Tag meines qualvollen Lebens.

Schon lange habe ich die Hoffnung aufgegeben, dass sich alles zum Besseren ändern wird. Dass ich mich irgendwann frei bewegen kann, wie Pferde über eine Wiese laufen darf oder mir ein Mensch gar einen Namen gibt. Ich denke an die Katze und an Jakob und an mein damaliges Gefängnis, über das ich mich heute nicht mehr beschweren würde. Dort konnte ich wenigstens zwei Schritte gehen. Heute wohl auch nicht mehr, denn ich bin gewachsen, so schnell, dass mir alles weh tut.

Das grobe Futter, das uns die Menschen lieblos vor unsere hungrigen Mäuler schütten, schmeckt grässlich, und mir tut davon mein Magen entsetzlich weh. Aber ich muss es essen, schließlich habe ich doch Hunger und ich bekomme nichts anderes. Ich bin größer und dicker geworden, aber der Abstand zwischen den Gitterstäben ist immer noch gleich. Ich stecke beinahe darin fest, und wenn ich es wage mich hinzulegen, schaffe ich es kaum, wieder aufzustehen.

Es gibt keinen Knochen, keinen Muskel, ja keine Faser meines Körpers, der mir nicht unsagbare

Schmerzen bereitet. Und immer wieder kommt dieser Mann und gibt uns diese schmerzvollen Spritzen ...

Ich weiß nicht mehr wann, aber irgendwann habe ich mich damit abgefunden, ein solches Leben zu führen, denn gegen die Menschen kommen wir nicht an. Sie fügen uns lachend Schmerzen zu. Obwohl wir ihnen nichts getan haben. Ich verstehe die Menschen nicht. Weshalb tun sie das?

*

Was ist denn jetzt los? Weshalb löst der Bauer meine Kette? Er will, dass ich mit ihm gehe, aber das fällt mir schwer, bin ich doch seit einer Ewigkeit nicht mehr gelaufen. Außerdem steht die Geburt meines

Kalbes kurz bevor.

„Komm schon, Alte, ich habe nicht den ganzen Tag Zeit." Unsanft stößt er mich trotz meines Zustandes in die Seite. Mir schwant Schreckliches. Er kann mich doch nicht jetzt zum Schlachthof bringen, jetzt, so kurz vor der Geburt. Doch das scheint ihm egal zu sein, denn draußen steht der Anhänger, der für meinen Abtransport bestimmt ist.

*

Es fällt mir sehr schwer zu laufen, als ich mit vielen anderen Rindern zum Transporter getrieben werde. Mein Körper hat nahezu verlernt, sich zu bewegen, aber das ist den Menschen einmal mehr egal.

Schnell müssen wir sein, sonst gibt es Prügel. Ja, das können sie wirklich gut, die Menschen, auf uns wehrlose Tiere einschlagen! Wieder und immer wieder!

Diesmal dauert die schreckliche Fahrt nur kurz, und schon werden wir wieder die steile Rampe hinuntergejagt, hinein in ein großes Gatter, das immer enger wird und in ein Gebäude hineinführt. Die wütenden Menschen schreien wieder mit uns herum. Wir Tiere sind ruhig, weil wir gelernt haben, dass Schreien nichts an unserer Situation ändert. Im Gegenteil, es macht die Menschen noch wütender und sie schlagen dann noch brutaler auf uns ein. Doch je näher wir zu dem Eingang getrieben werden, desto unruhiger werden alle.

Es riecht nach Blut, Gewalt und Tod. Vom Inneren des Gebäudes dringen nun verzweifelte Tierschreie zu uns. Noch nie zuvor habe ich vergleichbar Schreckliches gehört. Ich kann nach vorn sehen. Dort stehen Männer und halten den Kälbern etwas an den Kopf, sodass sie sofort zusammensacken. Noch weiter hinten hängen die Kälber kopfüber an Haken und große Männer mit riesigen, blutverschmierten Messern schneiden ihnen die Bäuche auf. Ich sehe, wie ein Kalb seine Augen aufschlägt, während ihm die Beine abgeschnitten werden und das Blut aus den Gliedmaßen fließt.

Ich kann kaum glauben, wie viel Brutalität ich hier sehe und spüre. Nichts als Blut und Schmerz und Hass. Weshalb nur hassen uns die Menschen so sehr? Unaufhaltsam werde ich in diese Halle des grausamen Todes hineingeschoben. Wir alle werden auf dem Weg zu unseren grinsenden Schlächtern dazu gezwungen, durch das Blut unserer Artgenossen zu gehen und das brutale Töten der anderen mitanzusehen mit dem sicheren Wissen, dass es jedem Einzelnen von uns in wenigen Augenblicken ebenso ergehen wird.

Bitte, bitte lass mich nicht spüren, wenn meine Beine abgeschnitten werden, wenn mein Körper aufgeschlitzt wird, bitte ...

Ich bin die Nächste ... Ich denke ein letztes Mal an meine Mama und an ihre wunderschönen Augen, in die ich nur ein einziges Mal blicken durfte, zu Beginn meines schrecklichen Lebens. Jetzt zu seinem Ende sehe ich in zwei erbarmungslose Menschenaugen und ich weiß, dass es das Wunder, von dem die Katze gesprochen hatte, nicht gibt für mich. Dabei hätte ich doch so gerne gelebt, auf einer schönen Weide zusammen mit meiner Mama ...

*

Ich weiß sofort, wo ich bin, als mich der Bauer aus dem Hänger zieht. Ich rieche das Blut und höre die Schreie der anderen Tiere. Unzählige von uns werden hineingetrieben in das todbringende Gebäude. Hintereinander, dicht an dicht werden wir von den nachströmenden Tieren voran gedrängt zu den Menschen, die unserem Leben ein Ende setzen. Es ist laut, hektisch, und Verzweiflung greift um sich. Auch ich bin voller Panik, spüre ich doch, wie meine Wehen einsetzen.

*

Es geht los, bald werde ich meine Mama sehen. Wie sehr ich mich darauf schon freue …

*

Ich schreie. Nicht für mich, sondern für mein Ungeborenes. Aber meine Schreie verhallen genauso ungehört, wie die der anderen Tiere. Ich bin schon fast ganz vorn, dort, wo die Männer mit dem Ding stehen, das die Kühe zusammensacken lässt. Es geht alles furchtbar schnell. Ich versuche, mich trotz meiner Wehen zu widersetzen, doch schon stehe ich vor den Männern und sehe einmal mehr in eiskalte Menschenaugen, die kein Erbarmen kennen ...

*

Irgendetwas stimmt nicht. Ich spüre die große Panik meiner Mama. Ihr Herz schlägt schnell – viel zu schnell. Ich höre laute, grässliche Schreie von außen. Aber ich weiß nicht, woher sie stammen. Ich bin immer noch im Dunkeln und ich spüre nur noch Angst in jeder Faser meines noch ungeborenen Körpers. Meine Mama schreit, immer und immer wieder. Doch plötzlich, plötzlich ist sie still und leblos und ihr liebevoller Körper drückt mich arg zusammen. Und sosehr ich mich auch bemühe, kann ich ihren Herzschlag nicht mehr spüren. Und ich kann nicht mehr atmen. Ich versuche verzweifelt Luft zu bekommen, aber es gelingt mir nicht, es gelingt mir nicht ...

... dann sprach Gott: Hiermit übergebe ich euch

alle Pflanzen auf der ganzen Erde, die Samen

tragen, und alle Bäume mit samenhaltigen

Früchten. Euch sollen sie zur Nahrung dienen.

Allen Tieren des Feldes, allen Vögeln des Himmels

und allem, was sich auf der Erde regt, was

Lebensatem in sich hat, gebe ich alle grünen

Pflanzen zur Nahrung. So geschah es ...

aus Genesis 1,1 bis 2,4a